INTRODUCTION

Tout musulman à conscience de l'importance de la langue arabe et qu'elle est la langue choisie par Allah pour faire descendre Son livre, qu'est le Coran.

Apprendre l'arabe ce n'est pas simplement apprendre une langue comme tant d'autres, mais c'est aussi apprendre une partie de l'islam, car elle en est la clé sans laquelle le musulman ne peut ni apprendre ni pratiquer correctement sa religion.

C'est pourquoi l'apprentissage de la langue arabe est primordial pour ceux ci et aussi bien pour les non musulmans qui souhaitent l'apprendre dans un cadre culturel professionnel ou autre.

L'objectif de ce livre est de vous faciliter l'apprentissage du vocabulaire et des verbes avec une méthode ULTIME.

Avant de savoir la parler correctement, il faut du vocabulaire.
Il est difficile d'aller au bout d'une chose sans objectif défini.
L'élément essentiel et déterminant pour la suite de votre apprentissage est de définir un objectif.
Tout va dépendre de cela dans la réussite ou l'échec de l'apprentissage de la langue arabe.
Pour quelle raison voulez vous apprendre cette magnifique langue et allez vous vous donner du temps et les moyens nécessaires pour y arriver ?

Commençons cette aventure ensemble main dans la main.

Ce livre n'est pas un simple livre dans lequel on y retranscrit un mot en arabe et sa traduction mais bel est bien un outil INDISPENSABLE pour tous afin de commencer à avoir une base solide, rien de plus facile que de mémoriser, il faut juste avoir la bonne méthode.

Mon objectif est très clair, je veux votre réussite !

MÉTHODE

La méthode est simple, pour un effet optimal, vous devez suivre exactement le plan d'action mise en place dans ce livre.

Chaque page est composée de 20 mots avec 5 sessions de révision afin d'y noter vos erreurs et voir l'amélioration au fur et à mesure de votre avancée avec une fiche de révision finale tous les 120 mots pour les mots et 80 pour les verbes.

La méthode fonctionne ainsi :

1. Répétez un maximum de fois les mots de la première fiche
2. Faites intervenir une personne qui va vous interroger sur la colonne "1ère révision", à chaque faute ou trou de mémoire, votre interlocuteur met une croix dans la case adéquate
3. Passez sur la fiche suivante ex: fiche numéro 2 et faites de même
4. Une fois la première révision effectuée, faites la même chose pour la deuxième révision
5. Une fois la deuxième révision effectuée, faites la même chose pour la troisième révision
6. Reportez tous les mots sur lesquels vous avez une croix sur la révision finale de la première session

- Répétez encore plus de fois les mots qui ont été cochés dans les trois colonnes de révisions.
- La révision après une session de 120 mots ou 80 verbes ne s'effectue que lorsque vous avez déjà atteint la phase de la 3ème révision complétée.
- Essayez de rassembler vos mots par thématiques
- Ne sautez pas les étapes, avec cette méthode vous allez quotidiennement enrichir votre vocabulaire et l'ancrer dans votre tête
- Une fois le livre complètement complété et révisé, vous aurez encore 27 jours de révision sur la totalité du livre soit 600 mots et 400 verbes

CONSEILS

- ## Pratiquez quotidiennement

Il est primordial pour l'apprenant de pratiquer sa nouvelle langue chaque jour.

Notez les mots et verbes quotidiennement et révisez pendant ne serait-ce que 10 minutes .

Prévoyez chaque jour un moment pour pratiquer ; apprendre une langue doit faire partie de votre routine quotidienne, donc optimiser ce temps pour faire ce qui est essentiel.

Pour retenir efficacement le vocabulaire et vous en souvenir pour l'utiliser quand vous en avez besoin, il faut apprendre de manière « intelligente ».

Reprenez chaque jour ce que vous avez appris la veille, et recommencez quelques jours plus tard, puis quelques semaines après, le but de ceci et de mémoriser sur du long terme comme on pourrait le faire avec le Coran.

- ## Utilisez ce que vous avez appris

L'une des meilleures façons de mémoriser une langue est de l'utiliser. Vous devez également utiliser la langue dans la vie réelle. Vous pouvez la parler a votre femme/mari, vos enfants, vos amis, vos collègues ou bien même trouver des natifs via des applications faites pour cela comme HelloTalk, Tandem, Speaky.

Les nouveaux apprenants éprouvent souvent des difficultés à surpasser leurs craintes d'utiliser la langue. Cependant, avec de la pratique, vous serez rapidement plus à l'aise. Tout le monde fait des erreurs en apprenant, et cela peut même s'avérer utile dans votre processus de mémorisation. En général, les locuteurs natifs sont patients avec les personnes qui essaient de parler leur langue.

- ## Regardez des films et séries en VO

Pour mettre toutes les chances de votre côté et faciliter l'apprentissage du vocabulaire, choisissez des films et des séries traitant d'un thème qui vous interpelle.

À noter que cette technique de mémorisation passive vous permettra également de vous familiariser avec la prononciation des mots.

Il existe beaucoup de support sur YouTube et je vous conseille aussi un magnifique site rempli de ressources islamiques en langue arabe pour petits et grands qu'est le site : https://abumuslim.fr/

Message de l'auteur

Merci pour votre confiance.
Je publie mes livres de façon indépendante.
Si vous aimez ce livre, n'hésitez pas à me laisser un
commentaire sur Amazon.

Je lis chacun de vos commentaires avec plaisir, ils
sont cruciaux pour soutenir mon travail et me
permettent de vous fournir de nouveaux contenus
de qualité.
J'espère que ce livre vous plaira autant que j'ai pris
le plaisir de le concevoir

شكرا

TRADUCTION	جملة	جمع	كلمة

1ère révision   2ème révision   3ème révision

TRADUCTION	جملة	جمع	كلمة

TRADUCTION	جملة	جمع	كلمة

1ère révision

2ème révision

3ème révision

1ère révision

2ème révision

3ème révision

TRADUCTION	جملة	جمع	كلمة

TRADUCTION	جملة	جمع	كلمة

1ère révision

2ème révision

3ème révision

TRADUCTION	جملة	جمع	كلمة

RÉVISION

Mots

1ère session →

VOCABULAIRE كلمات

1ère révision des 120 mots

Ci-dessous, notez uniquement les mots sur lequel vous avez une croix lors de la 3ème révision de chaque fiche

TRADUCTION	جملة	جمع	كلمة

Total : /20

TRADUCTION	جملة	جمع	كلمة

1ère révision   2ème révision   3ème révision

TRADUCTION	جملة	جمع	كلمة

TRADUCTION	جملة	جمع	كلمة

1ère révision

2ème révision

3ème révision

TRADUCTION	جملة	جمع	كلمة

1ère révision   2ème révision   3ème révision

TRADUCTION	جملة	جمع	كلمة

1ère révision
2ème révision
3ème révision

TRADUCTION	جملة	جمع	كلمة

RÉVISION

Mots — 2ème session →

VOCABULAIRE كلمات

2ème révision des 120 mots

Ci-dessous, notez uniquement les mots sur lequel vous avez une croix lors de la 3ème révision de chaque fiche

TRADUCTION	جملة	جمع	كلمة

Total : /20

TRADUCTION	جملة	جمع	كلمة

TRADUCTION	جملة	جمع	كلمة

1ère révision

2ème révision

3ème révision

TRADUCTION	جملة	جمع	كلمة

1ère révision
2ème révision
3ème révision

TRADUCTION	جملة	جمع	كلمة

1ère révision

2ème révision

3ème révision

TRADUCTION	جملة	جمع	كلمة

1ère révision   2ème révision   3ème révision

TRADUCTION	جملة	جمع	كلمة

RÉVISION

3ème session

Mots →

VOCABULAIRE كلمات

3ème révision
des 120 mots

Ci-dessous, notez uniquement les mots sur lequel vous avez une croix lors de la 3ème révision de chaque fiche

TRADUCTION	جملة	جمع	كلمة

Total : /20

TRADUCTION	جملة	جمع	كلمة

1ère révision
2ème révision
3ème révision

TRADUCTION	جملة	جمع	كلمة

1ère révision

2ème révision

3ème révision

TRADUCTION	جملة	جمع	كلمة

TRADUCTION	جملة	جمع	كلمة

1ère révision

2ème révision

3ème révision

TRADUCTION	جملة	جمع	كلمة

1ère révision

2ème révision

3ème révision

كلمة	جمع	جملة	TRADUCTION

RÉVISION

4ème session

Mots →

VOCABULAIRE كلمات

4ème révision des 120 mots

Ci-dessous, notez uniquement les mots sur lequel vous avez une croix lors de la 3ème révision de chaque fiche

TRADUCTION	جملة	جمع	كلمة

Total :   **/20**

1ère révision

2ème révision

3ème révision

TRADUCTION	جملة	جمع	كلمة

1ère révision   2ème révision   3ème révision

TRADUCTION	جملة	جمع	كلمة

1ère révision

2ème révision

3ème révision

TRADUCTION	جملة	جمع	كلمة

1ère révision

2ème révision

3ème révision

TRADUCTION	جملة	جمع	كلمة

1ère révision   2ème révision   3ème révision

TRADUCTION	جملة	جمع	كلمة

1ère révision

2ème révision

3ème révision

TRADUCTION	جملة	جمع	كلمة

RÉVISION

5ème session

Mots →

VOCABULAIRE كلمات

5ème révision des 120 mots

Ci-dessous, notez uniquement les mots sur lequel vous avez une croix lors de la 3ème révision de chaque fiche

TRADUCTION	جملة	جمع	كلمة

Total : /20

VERBES

TRADUCTION	المصدر	الأمر	المضارع	الماضي

1ère révision   2ème révision   3ème révision

الماضي	المضارع	الأمر	المصدر	TRADUCTION

1ère révision
2ème révision
3ème révision

TRADUCTION	المصدر	الأمر	المضارع	الماضي

أفعال

1ère session

TRADUCTION	المصدر	الأمر	المضارع	الماضي

1ère révision

2ème révision

3ème révision

RÉVISION

1ère session

Verbes →

VERBES

أفعال

1ère révision
des 80 verbes

Ci-dessous, notez uniquement les verbes sur lesquelles vous avez une croix lors de la 3ème révision de chaque fiche

TRADUCTION	جملة	جمع	كلمة

Total : **/20**

TRADUCTION	المصدر	الأمر	المضارع	الماضي

أفعال

2ème session

1ère révision
2ème révision
3ème révision

TRADUCTION	المصدر	الأمر	المضارع	الماضي

1ère révision 2ème révision 3ème révision

TRADUCTION	المصدر	الأمر	المضارع	الماضي

أفعال

2ème session

1ère révision

2ème révision

3ème révision

TRADUCTION	المصدر	الأمر	المضارع	الماضي

RÉVISION

2ème session

Verbes →

VERBES

أفعال

2ème révision des 80 verbes

Ci-dessous, notez uniquement les verbes sur lesquelles vous avez une croix lors de la 3ème révision de chaque fiche

TRADUCTION	جملة	جمع	كلمة

Total : /20

أفعال

3ème session

1ère révision

2ème révision

3ème révision

الماضي	المضارع	الأمر	المصدر	TRADUCTION

1ere révision
2ème révision
3ème révision

TRADUCTION	المصدر	الأمر	المضارع	الماضي

أفعال

3ème session

TRADUCTION	المصدر	الأمر	المضارع	الماضي

1ère révision

2ème révision

3ème révision

أفعال

3ème session

1ère révision

2ème révision

3ème révision

TRADUCTION	المصدر	الأمر	المضارع	الماضي

RÉVISION

3ème session

Verbes →

VERBES

3ème révision des 80 verbes

Ci-dessous, notez uniquement les verbes sur lesquelles vous avez une croix lors de la 3ème révision de chaque fiche

TRADUCTION	جملة	جمع	كلمة

Total : /20

أفعال

4ème session

1ère révision
2ème révision
3ème révision

TRADUCTION	المصدر	الأمر	المضارع	الماضي

TRADUCTION	المصدر	الأمر	المضارع	الماضي

1ère révision   2ème révision   3ème révision

1ère révision

2ème révision

3ème révision

TRADUCTION	المصدر	الأمر	المضارع	الماضي

أفعال

4ème session

1ère révision

2ème révision

3ème révision

TRADUCTION	المصدر	الأمر	المضارع	الماضي

RÉVISION

4ème session

Verbes

VERBES

أفعال

4ème révision des 80 verbes

Ci-dessous, notez uniquement les verbes sur lesquelles vous avez une croix lors de la 3ème révision de chaque fiche

TRADUCTION	جملة	جمع	كلمة

Total : **/20**

1ère révision   2ème révision   3ème révision

TRADUCTION	المصدر	الأمر	المضارع	الماضي

1ère révision

2ème révision

3ème révision

TRADUCTION	المصدر	الأمر	المضارع	الماضي

1ère révision

2ème révision

3ème révision

TRADUCTION	المصدر	الأمر	المضارع	الماضي

TRADUCTION	المصدر	الأمر	المضارع	الماضي

1ère révision   2ème révision   3ème révision

RÉVISION

5ème session

Verbes →

VERBES

أفعال

5ème révision des 80 verbes

Ci-dessous, notez uniquement les verbes sur lesquelles vous avez une croix lors de la 3ème révision de chaque fiche

TRADUCTION	جملة	جمع	كلمة

Total : /20

RÉVISION POUR UNE MÉMORISATION À LONG TERME

Totoal des sessions →

J 1	Révision de la fiche 1 et 7
J 2	Révision de la fiche 2 et 31
J 3	Révision de la fiche 8 et 28
J 4	Révision de la fiche 6 et 33
J 5	Révision de la fiche 11 et 42
J 6	Révision de la fiche 7, 15 et 38
J 7	Révision de la fiche 12 et 36
J 8	Révision de la fiche 18 et 43
J 9	Révision de la fiche 21 et 32
J 10	Repos
J 11	Révision de la fiche 14 et 41
J 12	Révision de la fiche 22 et 46
J 13	Révision de la fiche 17, 37 et 45
J 14	Révision de la fiche 24 et 48
J 15	Révision de la fiche 27 et 40
J 16	Révision de la fiche 26 et 29
J 17	Révision de la fiche 5 et 35
J 18	Révision de la fiche 10 et 47
J 19	Révision de la fiche 25 et 49
J 20	Repos
J 21	Révision de la fiche 9 et 45
J 22	Révision de la fiche 23 et 44
J 23	Révision de la fiche 4, 20 et 50
J 24	Révision de la fiche 19 et 34
J 25	Révision de la fiche 16 et 39
J 26	Révision de la fiche 13 et 30
J 27	Révision de la fiche 1, 3, 7 et 31

Mots : 600
Verbes : 400

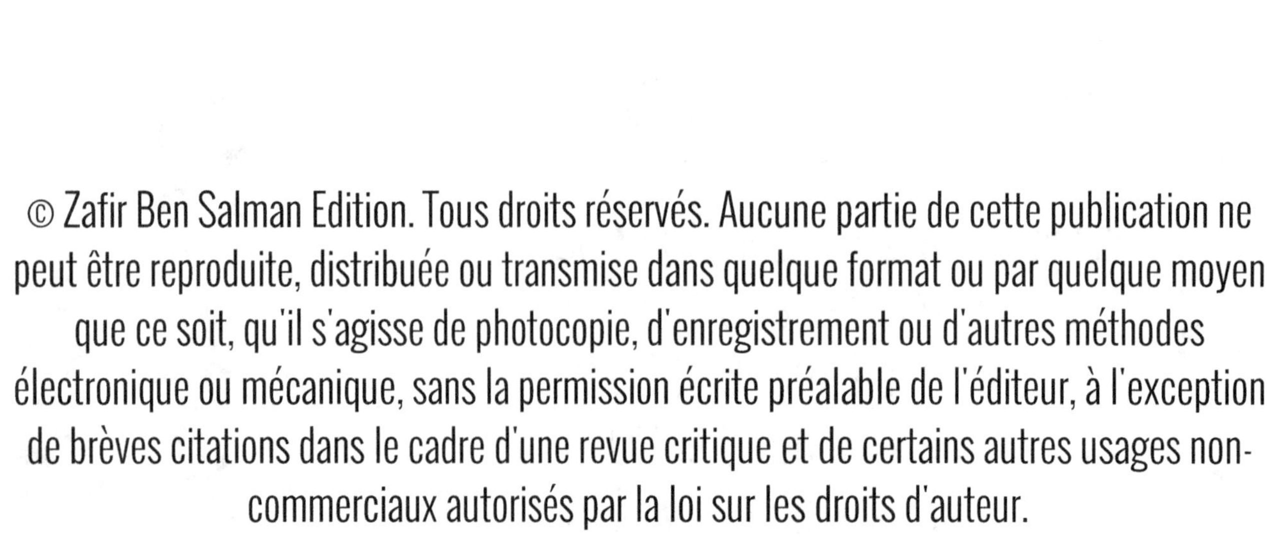

MERCI D'AVOIR ACHETÉ NOTRE LIVRE !

Si vous aimez ce livre, nous apprécierons votre avis sur Amazon.

Pour ce faire, rendez-vous sur la page Amazon de ce livre et cliquez sur "Ecrire mon avis"

MERCI BEAUCOUP !